Dieses Buch gehört:

....

Birgit Ebbert
mit Bildern von
Stefan Leuchtenberg

Die kleinen Lesedrachen

Ben gefangen im Watt

Lesen lernen
2. Klasse
ab 7 Jahren

Klett Lerntraining

Bibliografische Information der Deutschen Nationalbibliothek
Die Deutsche Nationalbibliothek verzeichnet diese Publikation in der Deutschen Nationalbibliografie; detaillierte bibliografische Daten sind im Internet über http://dnb.d-nb.de abrufbar.

Dieses Werk folgt der neuesten Rechtschreibung und Zeichensetzung.

Auflage 3 2 1 | 2014 2013 2012
Die letzten Zahlen bezeichnen jeweils die Auflage und das Jahr des letzten Druckes.

www.lesedrachen-club.de
Der Online-Zugang zum Lese-Führerschein
ist bis fünf Jahre nach Erscheinen des Buches gewährleistet.
Teamleitung Lernhilfen Grundschule: Susanne Schulz
Redaktion: Jette Maasch
Umschlaggestaltung und Layout: Sabine Kaufmann, Stuttgart
Umschlagillustration: Stefan Leuchtenberg, Augsburg
Leitfiguren Drachen: Thomas Thiemeyer, Stuttgart
Satz: Noch & Noch GbR, Menden
Druck: G. Canale & C. S.p.A., Turin
Printed in Italy
ISBN 978-3-12-949064-8

Inhalt

Alles ist anders

Ben steht am Zaun
und starrt auf die Wiese
mit dem Fußballtor.
Die Kinder aus seiner Klasse
spielen dort Fußball.
Er möchte gerne mitspielen,
weiß aber nicht,
wie er das anstellen soll.

Ben lebt erst seit zwei Wochen
auf der Insel in der Nordsee.
Vorher hat er in Bayern gewohnt.
Dort sprechen die Menschen
ganz anders als auf der Insel.
Als Ben das erste Mal
etwas gesagt hat,
haben die Kinder ihn ausgelacht.
Seitdem spricht Ben
so wenig wie möglich.
Er hat Angst davor,
dass sie ihn noch einmal auslachen.

„Hallo, Ben, spiel doch mit!“,
ruft ein Mädchen mit blonden Zöpfen.
Ben erkennt Emma,
das Mädchen aus dem Nachbarhaus.
Sie steht im Tor
der Mädchen-Mannschaft.
Ben zögert,
dann schüttelt er den Kopf.
In seiner alten Schule
fanden die Jungs es blöd,
mit Mädchen Fußball zu spielen.

„Ich muss nach Hause“,
schwindelt Ben und dreht sich um.
Er ist wütend auf sich
und tritt gegen einen Stein.
Der Stein fliegt weit.
Fast hätte er einen Fasan getroffen,
der über die Straße hüpft.
„Weg da!“, schimpft Ben.

Ben streckt dem Matrosen aus Holz,
der in einem Vorgarten steht,
die Zunge heraus.
Hätte seine Mutter sich bloß nicht
in einen Hotelbesitzer verliebt!
Dann könnte er jetzt
mit seinen Freunden in Bayern
Fußball spielen.
Ben stößt die Tür zum Hotel auf,
das seit Kurzem sein Zuhause ist.

Seine Mutter steht
hinter dem Empfangstisch.
„Oh, Ben, da bist du ja schon!“
Sie kommt auf ihn zu
und gibt ihm einen Kuss.
„Spielst du denn nicht
mit den anderen Kindern?“,
fragt sie.
Dabei nickt Bens Mutter Gästen zu,
die gerade hereinkommen.

Ben schüttelt den Kopf.
„Ich gehe lieber an den Strand
und baue eine Sandburg“,
murmelt er.
Ben baut gerne Sandburgen.
Das kann er richtig gut.
Bens Mutter ist in Gedanken
schon wieder bei den Gästen.
Sie streicht Ben über den Kopf
und sagt: „Ja, mach das.“

Ben bringt seine Schultasche
ins Wohnzimmer.
Aus dem Keller holt er
einen Sandeimer und eine Schaufel.
Damit läuft er durch die Hotelhalle.
„Servus, Mama“, sagt er.
„Hast du das Handy?“,
ruft seine Mutter ihm nach.
Ben zeigt auf seine Hosentasche.
„Ja!“, antwortet er und geht.

Lese-Rallye

1

Wo liegt die Insel,
auf der Ben lebt?

C im Bodensee

Y in der Ostsee

S in der Nordsee

2

Wen hätte Ben beinahe
mit einem Stein getroffen?

R einen Holzmatrosen

T einen Fasan

N ein Kind

3

Warum ist Ben
auf die Insel gezogen?

R ☒ Seine Mutter hat sich verliebt.

B ○ Die Luft auf der Insel
ist so gesund.

G ○ Bens Freund ist
nach Baltrum gezogen.

Allein auf der Sandinsel

Ben bummelt den Weg entlang.
Er führt vom Hotel
direkt an den Strand.
Schon von Weitem hört er Kinder.
Das sind die Urlaubskinder.
Bevor er nach Baltrum gezogen ist,
war er auch ein Urlaubskind.

Ben geht rechts den Strand hinunter.
Er zieht seine Sandalen aus.
Der Sand fühlt sich schön an
zwischen den Zehen.
Nur schade,
dass sein bester Freund Marten
nicht hier sein kann.
Ben schiebt den Gedanken beiseite.
Endlich ist er am Hundestrand,
und es sind keine Strandkörbe
mehr zu sehen.

Ben geht nah ans Wasser,
um seine Burg zu bauen.
„Dann muss ich das Wasser
nicht so weit tragen“, überlegt er.
Die Wellen klatschen
mit einer weißen Schaumkrone
an Land.
Der Junge denkt an den See,
an dem er früher gewohnt hat.
Da gab es ein großes Schloss.
Ein solches Schloss
will er aus Sand nachbauen.

Als Erstes schaufelt Ben
viel feuchten Sand aufeinander.
Dann formt er mit den Händen
ein großes Schloss.
Besonders gut gelingen ihm
die hohen Türme.

„Das ist aber ein schönes Schloss“,
sagt ein Mann mit einer Sonnenbrille
und zwei langen Stöcken.

Ben sieht den Mann an und strahlt.
Er freut sich über das Lob
und darüber, wie der Mann spricht.
Das klingt wie bei ihm zu Hause.
„Woher kommen Sie?“, fragt Ben.
„Aus München“, antwortet der Mann.
„Und du? Du hörst dich auch an
wie ein Bayer!“
„Ich komme aus Starnberg“,
sprudelt Ben hervor.
So sehr freut er sich,
dass jemand so spricht wie er.

„Dann bau mal schön weiter“,
verabschiedet sich der Mann.
„Und pass gut auf, dass das Meer
dein Schloss nicht auffrisst.“
Der Mann zeigt mit seinem Stock
auf das Wasser.
Es kommt immer näher.
„Das ist die Flut“,
ruft Ben dem Mann stolz hinterher.

Ben zeichnet mit dem Finger
die Fenster in sein Schloss.
Nur das Wappen fehlt noch.
Das will er mit Muscheln legen.
Er will sich auf die Suche machen,
doch da sind keine Muscheln mehr.
Um ihn herum ist nur Wasser.
Ein Teil des Strandes
ist einfach verschwunden.

Ben ist mit seiner Burg allein
auf einer kleinen Sandinsel.
Vorsichtig streckt Ben einen Fuß
in das Wasser.
Es kommt ihm sehr tief vor.
„Hilfe!“, ruft Ben.
Doch der Hundestrand
ist auf einmal wie leer gefegt.
Niemand ist zu sehen.

Ben traut sich nicht,
durch das Wasser zu gehen.
Da fällt ihm das Handy ein.
Er holt es heraus und
sucht im Telefonbuch seine Mutter.
Hastig drückt er eine Taste.
Eine fremde Stimme meldet sich.
Mist, Ben hat sich verwählt!
Er legt schnell wieder auf
und versucht es noch einmal.

Endlich!
„Mama!“, sagt Ben.
Er versucht, nicht zu weinen.
„Ich kann nicht zurück!“
Nun schluchzt er doch.
Dann hört er nichts mehr.
Er starrt das Handy an.
Es gibt keinen Ton mehr von sich.
Ben sieht sich um.
Seine Sandinsel ist inzwischen
noch kleiner geworden.

Lese-Rallye

4

Wie nennt Ben die Kinder, die nicht auf Baltrum wohnen?

K ○ Inselkinder

A ☒ Urlaubskinder

S ○ Strandkinder

5

Was will Ben aus Sand bauen?

H ○ eine Schule

F ○ einen Flughafen

N ☒ ein Schloss

6

Warum kann Ben nicht zurück nach Hause?

A ○ Ben hat sich ein Bein verstaucht.

D ○ Um Ben herum ist nur noch Wasser.

E ○ Ben hat seinen Schlüssel verloren.

7

Wie fühlt sich Ben, als das Handy keinen Ton von sich gibt?

L ○ Er ist fröhlich.

K ○ Er ist verzweifelt.

F ○ Er ist entspannt.

Wer rettet Ben?

Als Ben bei seiner Mutter anruft,
steht Emma zufällig in der Hotelhalle.
Sie hört, wie Bens Mutter ruft:
„Ben! Wo bist du?“
Bens Mutter starrt ihr Handy an.
„Weg!“, sagt sie fassungslos.
„Ben ist weg.
Bestimmt ist der blöde Akku
schon wieder leer!“

Endlich bemerkt sie Emma.
„Was ist denn mit Ben?“,
will Emma wissen.
„Ich wollte ihm mein Pony zeigen.“
Emma deutet mit der Hand
auf das braune Pony vor der Hoteltür.
„Ben ist am Strand
vom Wasser eingeschlossen!“,
antwortet Bens Mutter.
Ihre Stimme klingt aufgeregt.

„Ich muss ihm helfen“, ruft sie
und läuft aus dem Hotel.
Emma rennt hinterher.
Rasch geht sie zu ihrem Pony
und löst die Leine.
„Schnell, Dodo!
Wir müssen Ben retten“,
flüstert Emma ihrem Pony ins Ohr.

Sie klettert auf Dodos Rücken.
Als ob es sie verstanden hätte,
trabt das Pony sofort los.
Sie überholen Bens Mutter.

Wenig später sind Emma und Dodo
am Strand angekommen.
Emma sieht sich suchend um.

In der Nähe des Hundestrandes
sieht Emma eine kleine Sandinsel.
Ben steht auf der Insel und winkt.
„Hopp, Dodo!“, ruft Emma.
Sie gibt ihrem Pony das Zeichen,
schneller zu laufen.
Emma weiß, dass es gefährlich ist,
bei Flut am Strand zu spielen.
Als Inselkind hat sie gelernt,
immer nah bei den Dünen zu bleiben.

„Ben, ich helfe dir!“,
ruft Emma.
Der Junge ist froh, Emma zu sehen.
Emma springt von ihrem Pony ab.
„Dodo holt dich!“, ruft sie.
Sie streichelt ihr Pony
und flüstert ihm ins Ohr:
„Du musst Ben retten, hörst du!“

Emma schiebt Dodo ins Wasser.
Das Pony macht kleine Schritte.
Endlich hat es Ben erreicht.
„Leg dich einfach
über Dodos Rücken“,
ruft Emma Ben zu.
Die Sandinsel wird immer kleiner.
Ben klettert auf Dodos Rücken
und schließt die Augen.
Dodo geht langsam zurück an Land.
Dort hilft Emma Ben, abzusteigen.

„Ben!“

Bens Mutter kommt an den Strand.

„Emma und Dodo

haben mich gerettet“,

erklärt Ben seiner Mutter.

Seine Stimme zittert ein wenig.

„Danke, Emma!“, sagt Ben

und lächelt Emma an.

Emma lächelt zurück:

„Kein Problem!

Du kannst mir dafür mal helfen,

Dodos Stall auszumisten.“

Lese-Rallye

8

Wie heißt Emmas Pony?

O ☒ Dodo

E ○ Didi

U ○ Dede

9

Warum kann Bens Mutter Ben auf einmal nicht mehr hören?

A ☒ Ben hat das Handy ausgeschaltet.

I ○ Bens Mutter hat das Handy ausgeschaltet.

R ○ Der Akku vom Handy ist leer.

10

Wo ist die Sandinsel,
auf der Ben steht?

M ◯ in der Nähe vom Badestrand

B ⊗ ganz nah beim Hundestrand

S ◯ in der Nähe vom Drachenstrand

Lösungswort

Hast du alle Fragen
der Lese-Rallyes beantwortet?
Dann trage auf dieser Seite
das Lösungswort ein.

So funktioniert es:

- Trage unten in die Felder die Buchstaben der richtigen Antworten ein.
- Tipp: Das Lösungswort hat etwas mit der Geschichte zu tun!

Das Lösungswort lautet:

1	2	3	4	5	6	7	8	9	10
S	t	R	A	N	D	K	O	A	B

Dein Lese-Führerschein

Auf dem Weg zu deinem Lese-Führerschein geht es so weiter:

Gehe gemeinsam mit deinen Eltern auf **www.lesedrachen-club.de**, und melde dich mit ihrer Hilfe kostenlos mit einer E-Mail-Adresse und einem selbst gewählten Passwort an.

Klicke dann auf Start, und wähle auf der Seite dein Buch aus.

Gib nun das Lösungswort ein,
bestätige die Eingabe mit OK,
und schon hast du 100 Punkte
auf deinem Punktekonto gutgeschrieben!

Nun kannst du dich mit den Lese-Übungen,
die für dein Buch angezeigt werden,
im Lesen richtig fit machen und
die noch fehlenden Punkte sammeln.

Hast du alle Fragen richtig beantwortet, wartet dein Lese-Führerschein auf dich!

Die kleinen Lesedrachen wünschen dir viel Erfolg!

Lesen lernen mit dem Schulbuchprofi …

… und den kleinen Lesedrachen mit Lese-Führerschein online

www.lesedrachen-club.de

… und Wickie mit starken Fragen für helle Köpfe

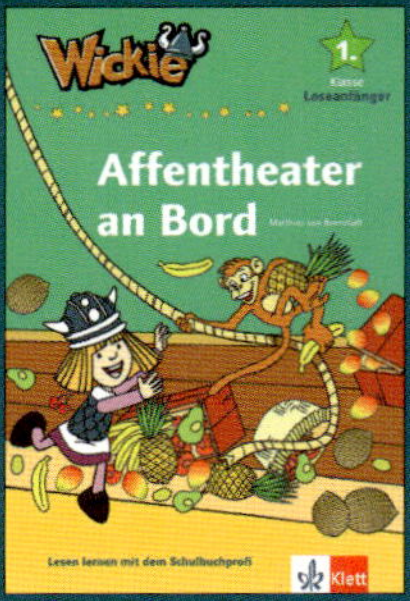

Viele weitere Titel sind im Buchhandel erhältlich.

... und besten Freunden

... und Bibi & Tina mit Hufeisenquiz

... und Bibi Blocksberg mit Hexenquiz

www.klett.de/lernhilfen